AZIRA'I

AZIRA'I

UM MUSICAL DE MEMÓRIAS

Zahỳ Tentehar e Duda Rios

Sumário

Fábula não sangra,
por Ailton Krenak   7

AZIRA'I   11

Canções   67

Como nomear tudo isso?,
por Denise Stutz   69

Sobre Zahỳ Tentehar e Duda Rios   73

Fábula não sangra

Eu ganhei um presente ainda tão indecifrável pra mim: a presença de Zahỳ evocando tantas das nossas mães, tantas das nossas avós, neste continente devastado por uma força que consegue nos enlouquecer. Uma escuridão que se abateu sobre esses povos, que são milhares. Azira'i é um grito muito, muito, muito profundo. Nós ouvimos uma língua e ficamos tentando acompanhar o movimento dessa fala. Imagina milhares de falas. Milhares delas silenciadas. E nós damos de cara com uma disposição tão generosa, até pra ensinar a gramática da língua materna, mostrando como se compõe uma palavra, como se pronuncia. Eu queria tanto que as pessoas que convivem com a gente no Brasil pudessem ler e ver essas histórias, serem tocadas por essa memória profunda do território que habitamos. É o território que fala quando cada um de nós se move. Eu ainda estou muito emocionado com o que acabei de ver e ouvir. É impressionante. Eu não imaginava que eu fosse ver tantas linguagens ao mesmo tempo contando uma história tão antiga de nós mesmos. Nós somos convidados a olhar como esses povos são capazes de ser contemporâneos de tudo e ainda continuam sendo fiéis a si mesmos, sem trair suas memórias. Mas isso não é técnica de teatro. Isso é uma capacidade maravilhosa de expressar a alma, de ser o sentido da arte. As pessoas nos perguntam: vocês têm teatro? Vocês têm literatura? Vocês têm cinema? É como se os ocidentais tomassem a si mesmos como modelo e conferissem em nós a nossa humanidade perguntando se a gente tem os atributos deles. Arte, cinema, teatro. Qualquer sistema que busque trazer para o nosso mundo "as artes" não vai dar conta do nosso espírito. Eu quero ver quem é que consegue ficar espiritado com a arte teatral do Ocidente. Nós ganhamos esse presente. Nós somos espiritados. Eu tenho confiança nisso. Então, a minha alegria é de saber que nós vamos ser milhares de contadores de histórias. Zahỳ está abrindo caminho pra outros que virão, pra que também contem a nossa história. A história das nossas mães, das nossas avós, dos nossos pais. Eu quero que as pessoas possam ler por todos os lados e ver em todos os cantos essa dança que me foi apresentada de uma maneira tão corajosa: um segredo de família. Nós vivemos num mundo de tanta falsidade, que mostrar o segredo das nossas famílias é um risco. Tem que ter um coração puro. Porque é mais fácil você criar uma fábula e mostrar ela em cena. Fábula não sangra.

Gratidão, "sobrinha", por carregar sua mãe pelas mãos e pela capacidade de emprestar o corpo e a fala pros nossos ancestrais falarem através de nós. E Duda, por ajudar a erguer essa fala. Gratidão por me chamarem pra dançar junto. Me comoveu muito. Viva! Que coisa boa!

Ailton Krenak
Ambientalista, escritor e imortal
da Academia Brasileira de Letras

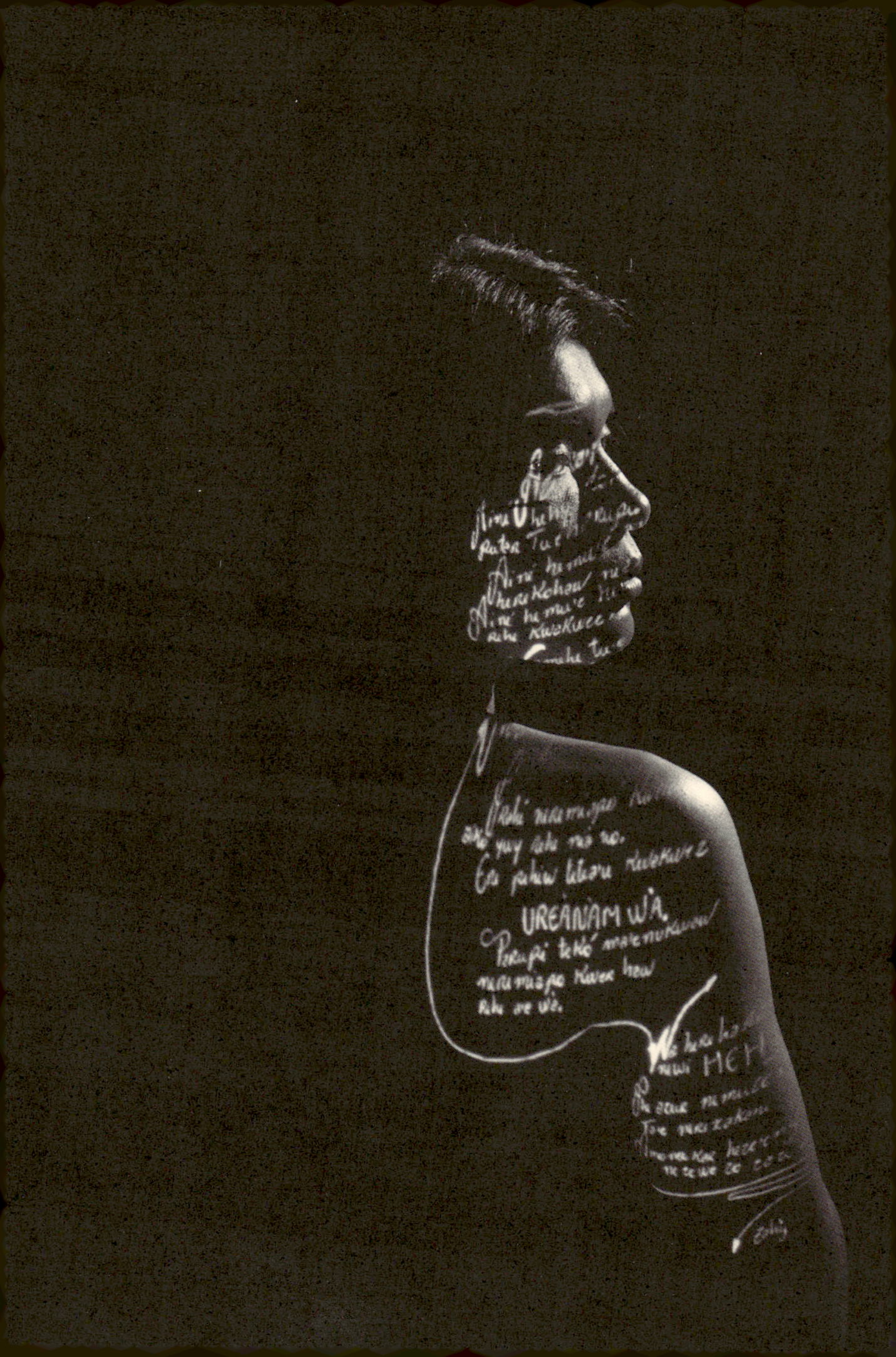
UREÀNAM WÀ

AZIRA'I

UM MUSICAL DE MEMÓRIAS

de Zahỳ Tentehar e Duda Rios

Azira'i – Um musical de memórias estreou em 12 de outubro de 2023 no Teatro I do Centro Cultural Banco do Brasil, no Rio de Janeiro.

Idealização e dramaturgia
Zahỳ Tentehar e Duda Rios

Direção
Denise Stutz e Duda Rios

Com
Zahỳ Tentehar

Consultoria dramatúrgica
Pedro Kaxaz Guajajara

Colaboração dramatúrgica
Denise Stutz

PRODUÇÃO

Direção de produção e produção artística
Andréa Alves e Leila Maria Moreno

Coordenador de produção
Rafael Lydio

Produtora executiva
Márcia Alves

DIREÇÃO DE ARTE

Diretor de arte e designer gráfico
Batman Zavareze

Assistente de edição
João Oliveira

Animação
Be Leite

Operador de vídeo
Pedro Thomé

CENOGRAFIA

Cenógrafa
Mariana Villas-Bôas

Aderecistas
Albery Nascimento Ribeiro Junior e
Regina Maria Leão Dalle Grave

Diretor de palco
Edilson Risoleta

FIGURINO

Figurinista
Carol Lobato

Costureira
Maria de Jesus

ILUMINAÇÃO

Iluminadora
Ana Luzia Molinari de Simoni

Iluminador assistente e operador de luz
Rommel Equer

MÚSICA

Direção musical, trilha sonora original e arranjos
Elisio Freitas

Canções originais
Duda Rios, Elisio Freitas, Marcelo Caldi e Zahỳ Tentehar

Estúdio
Tirinon

Preparação vocal
Adriana Piccolo

SOM

Designer de som
Gabriel D'Angelo

Designer associado e operador de som
Jorginho Baptista

FOTOGRAFIAS E FILMAGEM

Fotografias de Zahỳ
Léo Aversa

Fotografias de Azira'i
George Magaraia

Cinematografia
Chamon Audiovisual

Direção de cinematografia
Eduardo Chamon

Direção de fotografia
Guga Dannemann

Operador de câmera
Matheus Zanatta

Som direto
Manoela Magalhães

DIVULGAÇÃO

Assessoria de imprensa
Pedro Neves

Gestão de mídia
Malka Digital

Social media
Nathália Alves

JURÍDICO E CONTABILIDADE

Assessoria jurídica
Marisa Gandelman

Contabilidade
M Tavares Consultoria Contábil

EQUIPE SARAU CULTURA BRASILEIRA

Diretora de criação
Andréa Alves

Diretora de projetos
Leila Maria Moreno

Coordenador de produção
Rafael Lydio

Coordenadora financeira e de prestação de contas
Carolina Villas Boas

Coordenador de planejamento e marketing
Renato Stoiano

Produtora administrativa
Christina Carvalho

Produtora financeira
Maria Rita Miranda

Produtora de leis de incentivo
Clara Taranto

Produtora de planejamento
Bruna Brito

Produtora de comunicação
Nathália Alves

Personagens

Zahỳ
Azira'i

RITO DE ABERTURA
Pynykaw

Dois pés descalços pisam firme o chão. Uma língua desconhecida é ouvida. Os pés começam a caminhar em direção a você. É uma mulher. Ela segura um facão na mão.

MULHER:
A mame'u tar amó ma'e pè mè opor zuí ỳ pupé uzahak uikó umiripar wapar a'e uma´ arekó tahàw wikó ka'i ayr wanupé miràmiri uwewe wewe muitè a'e wà...

Ela caminha em passos lentos, erguendo o facão.

MULHER:
... uma'arekó tahàw wikó ka'i wanupé miràmiri uwewe wewe muitè a'e wà...

Ela para de frente para você. Uma força leva o facão ao pescoço dela.

MULHER:
... amó kuzà uze'eng ahỳ amó tekó pè nò upuruzukaiw uikó...

Ri.

MULHER:
... umonó takihé hè ai rehè na hepuharekó kwaw a'e...

Numa medição de forças, ela consegue tirar o facão do pescoço.

MULHER:
... ma'a erexak ereikó nezewè pỳ...

Agora ela coloca o facão em você. Ameaça.

Gritos anunciam um rito. Ela abaixa o facão. Sons por todos os lados. O corpo dela vibra. O seu também. Dança com o facão (Takyhe Pynykaw).

RITO 1
Zahỳ

A Mulher se senta num canto e calça um par de sapatos. São sapatos coloridos e modernos.

Lá do canto, ela ouve um canto:

I ka'a pupè hekonàn
ka'a pupè hèkonàn
upita akuti akuti pitá
akuti akuti pitá
tukumà u'u pà nó
tata'a u'u pà nó
kupaywá u'u ikó
akuki akuti pitá
akuti akuti pitá
u!

Levanta-se e cumprimenta você e todo mundo na língua desconhecida.

MULHER:
Zané karuk.
Hèruràw weté katú aikó kutàri aixè.

Projeta um som agudo. É um sinal para alguém distante.

Fala na língua conhecida.

MULHER:

O pai acabou de matar um preá. Ele tá atrepado num pé de pau, naquela montanha lá longe, bem depois dessa parede. Amanhã cedo, ele vai chegar aqui e vai assar o preá nesse foguinho aqui. Toda vez que os parentes matam uma caça, eles assam aqui, nesse foguinho. É carne de preá, macaco, cotia, caititu, tamanduá, guariba... É bom, né? É bom demais. O fogo fica dentro da casa. As paredes são feitas de taipa. O teto é de palha. E o chão é de terra batida. Não tem quarto. É só um vão. E a casa é distante do restante da aldeia.

Lá, na montanha, tem a nascente de um rio. Esse rio desce por ali, passa aqui na frente do quintal da casa e deságua pra lá. No quintal de casa tem pé de caju, goiaba, manga, acerola, cajá, macaúba, jaca, mangaba, açaí... É bom, né? É bom demais. Os cachorros ficam por aí, espalhados no quintal. Aquele ali é o Bucho de Lampreia. Não deixa comida pra seu ninguém. Aquele outro é o Cabeça de Pote. Pense num cachorro atentado. O Lombriga é tímido, deve tá escondido em alguma moita por aí. A Suzana, que não é besta nem nada, tá aqui, se esquentando no foguinho. Ah, e tem o Biliu, nosso galo de estimação. Pense num galo amostrado. Ele gosta de ficar ali, embaixo daquele pé de manga, com os peito estufado pra fora, se amostrando pras galinhas e avisando pros pinto quem é que manda.

Em cima de vocês, bem depois desse teto, tem um céu. Agora, pense num céu estrelado. Pensaram? Pode botar mais estrela nesse céu. Ali ainda tá vazio, vai botando estrela. Minha gente, vocês deixa de preguiça, bota mais estrela nesse céu. Isso. Agora tá ficando bom.

Eita, eu ia esquecendo. Aqui não tem luz elétrica. Hoje, vocês só tão enxergando bem porque é noite de lua cheia.

[*cantarola*]
Tem gosto de Lua na minha boca
Cratera de Lua no colo da mão
Tem brilho de Lua na água dos olhos
Tem Lua rondando minha inspiração

[*volta a falar*] Nesse canto da casa, tem uma menina deitada numa rede. A menina ainda não tem nome. Ela tem 5 anos, se as contas do pai estiverem certas. O pai é muito bom de memória, e num é que essa é a maldição da vida dele? A mãe diz que o esquecimento ajuda o remorso a se despedir do peito. Só que o pai tem uma mágoa agarrada no coração feito uma trepadeira. Sabe o que que é? É que a mulher do segundo casamento dele traiu ele com o filho dele do primeiro casamento. O pai descobriu a traição e foi-se embora. É que, pra ele, traição dele não é traição. É tradição. Mas a traição delas, num é que era traição mesmo? Ele saiu do Rio Grande do Norte, atravessou o Ceará, cruzou o calor do cão do Piauí, até que chegou no Maranhão. Levou quarenta dias. Era pra ter sido vinte. Só que a cada dois passos que o véi dava pra frente, ele parava e dava um pra trás, jurando morte. E aí parava e dava dois passos pra frente, jurando vida. Um pra trás, jurando morte. Dois pra frente, jurando vida. Até chegar no Maranhão. No Maranhão, lhe disseram que as mulheres indígenas eram muito trabalhadeiras e fiéis. Trabalhadeiras eu sei que são. Mas, pô, fiéis? Bom, o pai chegou na aldeia e pediu pro cacique uma mulher pra se casar, o cacique deu a nora dele, recém-viúva do seu filho, com mais seis menino pra criar. Tava feito o casório do pai com a mãe. E juntos teriam uma única filha. O pai e a mãe se combinavam na magreza, no orgulho e no silêncio. Eles se combinavam tanto que, depois de velhos, também iam se combinar na cegueira.

A visão dos dois ia desaparecer da noite pro dia, e pelo querer dos Mairas.

Hoje é um dia diferente dos outros dias. A mãe tá ali, sentada numa rede, do lado da porta. Ela é a primeira mulher pajé do nosso povo. A menina está ouvindo os lamentos cantados pela mãe.

Lamento[1]

MULHER:
É assim que a mãe se comunica com os Mairas. A menina já tá pegando no sono. Ela passou o dia todo tomando banho de rio, subindo em árvores e catando pedrinhas. De repente, a mãe se levanta e vai até a menina. Pega a menina, volta em direção à porta, põe a menina pra fora, fecha a porta. A menina chora. Tenta abrir a porta, mas a porta tá trancada. A mãe vai pra beira do fogo, continua cantando seus lamentos. A menina chora mais. A mãe continua cantando. A menina chora tanto que dorme.

Mais tarde, a mãe vai até a porta. Abre a porta. Só que a menina não tá mais lá. Os parentes começam a procurar pela menina:

— Pèho kuzàtà'i haikwer romó!
— Uzupir oho ywytar rehe oho era'a!
— Ainé y no Suzana, eho nè zar haikwer romó. Èzè.

Suzana late.

---

[1]. O lamento (Zengar Haw) é um canto exclusivo dos pajés Tentehar. As letras e as melodias nunca são repetidas.

MULHER:
Suzana sente o cheiro da dona. E é Suzana quem encontra a menina deitada numa clareira, no meio da mata, dormindo de barriga pra cima. Suzana dá uma lambida no rosto da menina. A menina abre os olhos e se depara com a Lua Cheia. A Lua olha pra menina, estende a mão pra menina, ajuda a menina a se levantar e lhe conta um segredo. Agora a menina, assim como a mãe, também pode se comunicar com os Mairas. Agora a menina tem um nome. O nome da Lua. Zahỳ.

A luz da Lua ilumina a Mulher: Zahỳ.

ZAHỲ:
[canta]
    Tem gosto de Lua na minha boca
    Cratera de Lua no colo da mão
    Tem brilho de Lua na água dos olhos
    Tem Lua rondando minha inspiração
    Tem Lua crescente deitando em minha rede
    Tem Lua minguando minha solidão
    Tem nome de Lua soando no tempo
    Cadência de Lua na respiração
    Tem Lua espelhada lá no meu futuro
    Miragem de Lua no vento do chão
    Lua Nova escondida no ventre da Lua
    Lua Cheia erguida em meu coração

A canção se transforma num lamento: Zahỳ Zengar Haw.

Os Mairas dançam com a Menina Lua.

RITO 2
Kupa Kawana

ZAHÝ:
Bom. Agora eu tô morando em Copacabana.

Hoje eu não dormi quase nada, como sempre. Tomei antialérgico, melatonina, chá de camomila, coloquei até o som da chuva no celular. Vocês me acreditam que não adiantou foi nada? Sonhei mais uma vez com minha mãe, e no sonho ela me disse uma coisa muito importante: pra eu levantar da cama.

Levantei e tomei um copo de café. Banhei, tomei outro copo de café — eita, como gosta de café! Pedi um Uber pra aldeia vertical, lá no antigo presídio, no bloco 15, mais conhecido como o bloco dos "índios", onde moram os parentes que conheci na época da Aldeia Maracanã.

Chegando lá, minha amiga Iracema fez um suco detox pra mim, com um bofe frito, que é o pulmão do boi, com farinha azeda.

Comi, enchi a pança, deitei na rede. Aí, quando eu tava quase pegando no sono, três testemunhas de Jeová bateram na porta. Iracema abriu a porta e disse que não precisava de testemunha pra falar com Jeová.

Nisso, a minha prima Tapixi desceu de lá do quarto andar com duas sacolas na mão: numa tinha jenipapo pra gente se pintar e se proteger dos mau-olhado e na outra tinha três Antarcticas pra gente beber e se esquecer dos problemas. Se esquecemo.

Daí eu fiz uma videochamada com meu filho, que tá morando na Inglaterra com o pai dele, meu ex-marido, que é inglês e que eu conheci no Tinder. O nome dele é Thomas Michael. Eu chamo ele de Thomás pra facilitar a vida. O meu filho se chama Harry Kwarahỳ. Mas eu chamo de Kwa Kwa. Também pra facilitar a vida.

Desliguei e fiz outra videochamada com as minhas sobrinhas que tão na aldeia, lá no Maranhão. Elas ficaram me perguntando se ia eu pra lá na Festa do Mel. Eu disse que não. Nisso, meu irmão Edjar apareceu na ligação e me contou da confusão deles com os madeireiros de lá da região. Pediu pra eu ficar de olho no grupo de WhatsApp: Caciques e Lideranças Tentehar. Tô de olho.

Desliguei e pedi um 99 aqui pro teatro. Entrei no carro e o motorista, Romeu, me cumprimentou calorosamente:

— Boa tarde, Záhy.
— Boa tarde, Rómeu.
— Você é indiana?

Gente, eu não acreditei.

Toca uma música, baixinho.

ZAHỲ:
Vocês me acreditam que na rádio tava tocando a minha música favorita?
— Aumenta um tiquinho aí, Rómeu.

É a música "Verdadeiro amor", da Banda Magníficos.

ZAHỲ:
[*canta*]
    Sem você eu não teria
    Motivo algum para viver feliz

Quantas te falei
Seu amor pra mim se fez
Dentro do meu coração...

ZAHY:
Passamos pela Sapucaí, entramos na Presidente Vargas e chegamos aqui na frente do teatro. Desci do carro, entrei pela porta principal, olhei pro lado e vi uma loja com um monte de arte dos parentes na vitrine. Pensei: vou comprar. Perguntei o preço: desisti. Segui viagem. Quando eu tava quase chegando nessa porta, vi a cafeteria que fica aqui do lado. Fui lá e tomei um copo de café, mesmo atrasada — nada mudou. Entrei no teatro. Desci aqui, por esse corredor, subi essa escada, fui lá pro camarim, troquei de roupa, tomei mais um copo de café, depois um Targifor e, por último, um Floratil. Entrei no palco.

RITO 3
Ze'eng Eté Haw

Zahỳ cumprimenta a turma (você e todo mundo).

ZAHỲ:
Zané karuk.

Ninguém responde. Ela cumprimenta novamente.

ZAHỲ:
Zané karuk.

TURMA:
Zané karuk.

Fica contente com a resposta.

ZAHỲ:
Kutàri pè mu'e tar ze'eng eté haw rehè nehè. Nazé.

Pega uma cadeira. Aponta para si mesma.

ZAHỲ:
Ku-zà.

A turma repete.

TURMA:
Kuzà.

Zahỳ se senta.

ZAHỲ:
U-a-pyk.

TURMA:
Uapyk.

Aponta para a cadeira.

ZAHỲ:
A-py-kaw re-hè.

TURMA:
Apykaw rehè.

Zahỳ fica feliz ao perceber que conseguem pronunciar bem. Faz um "legal" em resposta.

Ensina mais palavras, que vão sendo repetidas.

ZAHỲ:
Itá.

TURMA:
Itá.

ZAHỲ:
Ỳ.

TURMA:
Ỳ.

ZAHỲ:
Opor Karewa'yr ỳ pupé.

A turma não consegue pronunciar essa última frase. Outra tentativa.

ZAHỲ:
Opor Karewa'yr ỳ pupé.

Mais uma vez, a turma não consegue. Zahỳ pensa em como facilitar a aula. Lembra de palavras mais familiares à turma.[2]

---

2. A lista a seguir contém palavras que utilizamos em nosso cotidiano, as quais pertencem ao tronco linguístico Tupi-Guarani. Esse tronco engloba diversas línguas indígenas, entre as quais, o Ze'eng Eté, língua falada no espetáculo. Quando os europeus invadiram este território hoje conhecido como Brasil, mais de 1.200 línguas eram faladas aqui (IBGE). Hoje em dia, apenas cerca de 270 permanecem vivas. Grande parte dessas línguas pertence aos seguintes troncos linguísticos: Tupi-Guarani, Macro-Jê, Aruak, Karib, Pano, Tukano e Charrua; e outras não possuem troncos identificáveis. O Tupi-Guarani é o tronco que abriga mais línguas, e a lista a seguir é apenas uma parte de tantas palavras desse tronco presentes no nosso vocabulário cotidiano. Em cada lugar em que a peça é apresentada, são escolhidas três ou quatro palavras para que sejam "ensinadas" na aula. Essas palavras variam, buscando sempre o que é mais familiar à localidade (por exemplo, no Rio de Janeiro: Kupa Kawana, Sapucay; em Recife: Ita Maraká, Marakatu; em Curitiba: Paraná, Guaíra; em São Paulo: Tatuapé, Ipiràng).

Wara'ná
Kari'oka
Sapuca'y
Zakare paguá
Kupa kawana
Tatuapé
Ipiràng
Paraná
Ita Maraká
Marakatu
Jabuti-kaba
Jabuti
Mani'ok
Tapi'oka
Ya'karé
Pe'teka
To'kaya
Kaa-tínga
Minga'u
Ta'ta pora
Pinda'ïwa
Pi'poca
Xa'rá
Katu pyryb
Urubu
Ypaw nema
Pi'a
Caaipura
Pirá-anhã

Arakazu
Kaa'pii
Pira ruku
Si'pó
Tamanu'a
Suú-kuri
Tukan
Tatú
Pa'ra a'iba
A'rara
Kuia
Ara'puka
Ka'a-puera
Poro'roka
Ti'poia
Maraka'na
Paca'yembó
Pará
Aka-yú
Mandá-carú
Marahú-yá
Moqué
A-coyaba
Iara'raka
Muri'soka
Si'ri
Pere'reka
Paranambuco

A turma se surpreende com as palavras e as repete com entusiasmo.

Zahỳ fica muito feliz com a turma.

ZAHỲ:
[*canta*]
   Uryryz pànàm pepo
   Uzewarawara pupe
   Ha he ha he...

Ela avisa que a turma vai cantar a música. A turma ri, desacreditada. Zahỳ segue a aula, ensinando a pronúncia da letra da música.

ZAHỲ:
Uryryz.

TURMA:
Uryryz.

ZAHỲ:
Pànàm.

TURMA:
Pànàm.

ZAHỲ:
Pepo.

TURMA:
Pepo.

ZAHỲ:
Uzewaa.

TURMA:
Uzewara.

ZAHỸ:
Wara.

TURMA:
Wara.

ZAHỸ:
Pupe.

TURMA:
Pupe.

ZAHỸ:
Uryryz pànàm pepo.

TURMA:
Uryryz pànàm pepo.

ZAHỸ:
Uzewarawara pupe.

TURMA:
Uzewarawara pupe.

ZAHỸ:
Uryryz pànàm pepo
Uzewarawara pupe.

TURMA:
Uryryz pànàm pepo
Uzewarawara pupe.

Zahỳ começa a cantar a música. A turma canta junto. Zahỳ para de cantar e faz um gesto para que continuem. Todos continuam, e se dão conta de que aprenderam a música.

Zahỳ comemora e faz um sinal de "legal". A turma comemora junto.

ZAHỲ:
Essa língua que eu acabei de ensinar pra vocês é o Ze'eng Eté. Minha língua mãe. Ze'eng Eté tem um significado. Significa "fala verdadeira". Agora eu tenho uma curiosidade: essa outra língua que eu tive que aprender pra me comunicar com vocês, alguém aqui sabe o significado dela?

Silêncio.

ZAHỲ:
Obrigada.

RITO 4
Ỳ Pỳar

ZAHỲ:
Um dia, o pai achou que tava na hora das crianças aprenderem do jeito que ele tinha aprendido. A verdade é que elas já sabiam ser. Mas ele queria porque queria que elas aprendessem a ser do jeito dele. E se tinha uma coisa que era impossível, era de tirar a razão do pai. Pois num é que o pai preferia ter razão do que ser feliz? E lá se foi a família toda, caminhando até Barra do Corda, a cidade mais perto que tinha da Aldeia Colônia. Passaram pela Aldeia Chupé, Aldeia Beira Rio, depois Aldeia Altamira, e, aí, Aldeia Santa Cruz, e, depois, Três Irmãos e Pé de Galinha. E Aldeia Irône, Aldeia São Pedro dos Cacetes, descansaram um pouco na Aldeia Ywy Katuahy, seguiram estrada até a Aldeia Maraxico e, depois, Papagaio. E seguiram pra Aldeia Soldado, aí a meninada tomou banho no rio Mearim próximo do povoado onde fica a Aldeia Tapiak Ziakwager — que quer dizer "a cabeça do boi" —, assaram um tatu e chegaram no Povoado Arranco, e depois Cateté de Cima, até que chegaram em Barra do Corda. Lá, em Barra do Corda, o pai foi registrar a meninada.

— Zahỳ.

— Não, senhor. Esse tipo de nome não dá pra registrar, não.

Vocês me acreditam que não se podia registrar nome indígena? Só podia se fosse nome alienígena. Olhou a lista do cartório.

Começa a apontar para as pessoas que estão perto de você.

ZAHÝ:

Marcelo, Maria, Antônio, João, Pedro, Álvares, Cabral, Anita, Juliete...

Ela aponta para você e pergunta o seu nome. Você diz. Ela repete. Continua.

ZAHÝ:

Eduardo, Erivelton, Erinalda, Edjar, Edinho, Egnaldo. O pai gostava muito dos nomes com E. Registrou a menina como Eu...zilene. Eu-zi-lE-nE PrE-xE-dE. O pai gostava mesmo dos nomes com E. Ele gostava tanto que um dia ia registrar um neto com o nome de Elton John. Registrou.

Depois, o pai foi matricular a meninada no colégio. E a menina foi pro seu primeiro dia de aula. Achou tudo aquilo muito estranho. Não entendeu por que tava todo mundo sentado em cadeiras. Todo mundo começou a olhar pra menina. Tinha uma mulher falando um monte de coisa que a menina não entendia nada. Vocês me acreditam que a mulher colocou a menina em pé, no canto da sala, virada pra parede, e botou umas orelhas de jumento na cabeça da menina? Riram da menina. Vem cá, por que ninguém gosta do jumento?

Eu gosto do jumento. O jumenta'i acompanhava as andanças daquela família. E quando a menina dormia, botavam ela na cangaia do bicho. Eram sete horas pra ir da aldeia até a cidade. E mais sete horas pra voltar. Todo santo dia, caminhando pela margem do rio. E isso deixava a vida muito, muito, muito, muito boa. As crianças matavam passarinho com baladeira, pulavam no rio, caçavam com o pai, subiam nas árvores, comiam fruta, pescavam com a mãe. Até que um dia o pai decidiu construir um barraco em Barra do Corda. Naquela época, tinha muita gente saindo do interior pra ir viver na margem da cidade. Essa margem não era boa, não. Boa mesmo era a margem do rio.

Desliza pela correnteza do rio.

ZAHỲ:
[*canta*]
    Sou o rio
    Ria, riacha, peixe, pedra, passa
    Corre água, passa
    Corre Marcelo
    Corre Euzilene
    Corre Tereza
    Correnteza
    Arrasta
    Leva, lava a roupa, menina
    Esfrega
    Cata pedra
    Junta, brinca
    Canta riacha

    De onde venho se ri do riso
    E da própria desgraça
    O tempo de lá é o tempo do rio
    Não é o tempo que voa
    É o tempo que passa

    O tempo que voa não se desfruta
    Mas o tempo que passa se chupa
    Se lambe, se cheira

É o tempo da besteira
Do boi feito da fruta
Do gozo da cachoeira
Do imponente galo Biliu

Sou o rio
E passo tal qual o tempo que se passa
Quando rio e gozo da liberdade de ser riacha

Fim de música. Aplausos.

ZAHỲ:
Achei chique!

RITO 5
Mame'u Har

ZAHỲ:
Eu adoro música. E eu puxei isso da minha mãe. A única coisa é que o meu gosto é um tiquinho diferente do dela. Coisa pouca. Por exemplo, minhas bandas favoritas são: primeiro, o Rei... Reginaldo Rossi; depois, Calcinha Preta; Lady Gaga; Natiruts; e José Miguel Wisnik.

A minha mãe, além de ser pajé e grande cantadora do meu povo, também era contadora de histórias. E de vez em quando a parentada se juntava na aldeia e ficava assim, igual a vocês: olhando pra ela.

Se transforma na mãe contando uma história.

Se transforma na história que a mãe conta.

MÃE:
Aiong ià ka'i ayr ià nò. Aiong aixè ià nò tatupehu è nò. Opor ka'i ayr oho tatupehu rehè. Umuaheahem kar tatupehu a'e. A'e ar mehè umuru'a tatupehu. Uhu teté hié aikorupi nó. Upynyk pynyk parupi ma'e ayr taw pè wà. Uruarurak katú uèmykyr ainè-zèwè. Uhem tamanuá pynykaw pè a'e nò. Upopyhyk tahawa'i iku'a pè. Umururyw weté kar katú nèzèwè mehè. Upyhyk aixè nò aixè mutyr nò. Aixè aixè aixè aixè... *All the single ladies, all the single ladies...* Ainèzèwè ma'u zikaipó. Aikwez tamanuá uzur aixè a'e nò. Opor iwaté u'ar ywy pè nò. A apyk tar aixè nazé. Aikwz nwhẁ aikwez nèhè. Txèeeee.

A Mãe se senta no chão e ri da história que contou.

MÃE:
É. O macaquinho era saliente. Tirou a virgindade do tatu. Foi dessa moda.

Se transforma na filha.

ZAHỲ:
Mamãe, ezengar amó nezengar haw wanupé.

MÃE:
Oh! Ma'a nà ai'òng ma'a hera aipó nó.

ZAHỲ:
Teatro. Atriz mo ereikó kurà mà. Èrepyhyk Prêmio Shell de Melhor Atriz ri'i mà.

Aplausos. A Mãe fica tímida, mas sorridente.

Ajeita os cabelos e apruma a postura.

MÃE:
Meu menina pediu pra mim cantar um música pra vocês nessa teatra. Eu vou cantar a música do tatu. Que agora eu sou atriz. Igual do Maria do Bairro.
   [*canta*]
   Azengar a'e tue no
   Tatu pehu zengar a'e no

Tatu pehu u
Tatu pehu u
Tatu pehu...

PLATEIA:
U!

MÃE:
Bom demais. Ò, kwa...
Eu vou fazer uma desabafa aqui hoje pra vocês. Eu acho que não tô gostando dessa vida de atriz, não. Aqui na teatra tão me oferecena só água. Eu pedi pro produção um carne de caça com farinha de puba. Aí o produção trouxe pão com presunta. Bũi. Num gostei, não. Só pão, e pão, e pão. Nãm. Tô quase me peidana, já.
Vocês num tem um carninha de caça aí, não? Um carninha de cutia, preá, caititu... É bom demais.

RITO 6
Pituhaw

ZAHỲ:
A mãe era uma pessoa muito admirada e respeitada. Contava histórias e canções, e curava muita gente. Só não pôde curar a si própria. Tinha alguma coisa na mãe que perturbava muito ela. Mas que ela não conseguia enxergar o que era. A mãe precisava do escuro pra enxergar dentro dela. Só que na cidade os alienígenas têm uma mania de botar luz em tudo que é canto. É como se todo mundo tivesse querendo uma vida iluminada. Só que nunca chega. Aí, quando a mãe já tava bem velhinha, os Mairas decidiram escurecer a vista dela. Começaram pelas beiradas. Aí foram escurecendo, escurecendo, escurecendo...

Feixes de luz atravessam o corpo de Zahỳ.

Uma melodia familiar. É "Assum preto".

ZAHỲ:
[*canta*]
    Aixe heta ipuràng haw
    Huwy ywak ka'a uputar
    Ta'e Azira nahàpyhà kwaw
    Uzemumikaw umuzegar
    Ta'e Azira nahàpyhà kwaw
    Uzemumikaw umuzegar

Faz sons de pássaros. Os pássaros respondem.

ZAHÝ:
[*canta*]
    Azira'i, zengarar haw
    He zawe o zemumik
    Upiru he piá hewi wa
    Hereha y itatainy
    Upiru he piá hewi wa
    Hereha y itatainy

Vai sendo engolida pela cegueira.

Escurece.

Os pássaros cantam.

RITO 7
Mukatuhaw

ZAHɎ:
Este é um momento da peça que eu faço um jogo de adivinha com vocês. E quem acertar vai ganhar um maraká. Quantos irmãos eu tenho? Quem vai dar o primeiro palpite?

Palpites da plateia: seis, oito...

ZAHɎ:
Quem dá mais?

As apostas aumentam: 13, 19, 27...

ZAHɎ:
Quem dá mais?

O jogo segue até que você acerta: 32.

ZAHɎ:
Isso mesmo! Trinta e dois irmãos. Só Tupàn na causa. Sendo que seis são por parte de mãe. E o restante, né, minha gente, acho que vocês já podem imaginar que são por conta do pai. E, juntos, eles teriam uma única filha. Eu... Zilene. Zahỳ.
 Na minha civilização, os pajés Tentehar têm por tradição passar a pajelança pro filho mais velho ou pro filho mais novo.

Minha mãe era uma pajé suprema. E o que é uma pajé suprema? Pajé suprema significa que mamãe usava de três ferramentas de tecnologia de ponta pra curar as pessoas: as plantas, as mãos e o canto. Eu sou a filha caçula de mamãe e eu herdei uma coisa dela.

Eu herdei o canto, que chamamos de lamento.

Canta um lamento: "Maraká Zengar Haw".

Caminha até você e entrega o maraká nas suas mãos.

RITO 8
Mair Wa Zengar Haw

ZAHỲ:
O pai acabou de achar uma carne que ainda dá pra comer. Ele tá lá, no lixão, que fica aqui perto, depois dessa parede. Mais tarde, ele vai trazer a carne pra gente cozinhar nesse fogão, aqui. Na frente da casa, tem uma vala por onde passa o esgoto. E em cima de vocês, bem depois deste teto, tem um céu muito estrelado. Mas como aqui tem muita luz elétrica, quase não dá pra ver estrela. A mãe tá ali, perto da porta, cortando cebola e ouvindo um louvor:

"Sonda-me, senhor, que me conheces, quebranta o meu coração..."

Foi assim, desde que veio pra margem da cidade, que a mãe deixou de ouvir os Mairas. E foi aqui, na margem da cidade, que uma perturbação começou a tomar de conta da mãe. Algo que era bem mais forte do que ela. A primeira vez foi quando a menina tinha 8 anos. A mãe chamou a menina pra comer, mas a menina não ouviu. Chamou de novo. A menina não ouviu. A perturbação começou a tomar de conta da mãe. Ela foi até a menina, pegou as mãos da menina, amarrou os pulsos, pendurou ela numa madeira do teto da casa e bateu na menina com o cinturão do pai até a menina desmaiar. Depois, a mãe foi chorar escondida. Toda vez que aquela perturbação tomava de conta da mãe, ela batia na menina e depois chorava escondida. Batia na menina e chorava escondida. Batia na menina e chorava escondida.

Mas hoje é um dia diferente dos outros dias. A menina tem 15 anos, se as contas do pai estiverem certas. Ela tá sentada numa cadeira estudando pra prova do colégio.

Senta na cadeira.

ZAHỲ:
Eu tô muito concentrada, não quero mais usar as orelhas de jumento, não quero mais ser reprovada de ano. Mamãe me chama pra comer:

— Zahỳ!

[*silêncio*]

— Zahỳ!

[*silêncio*]

— Zahỳ!

[*silêncio*]

 De repente, a minha mãe se levanta, caminha até mim e bota um prato de comida na minha frente.
 — Ainew na aze'eng aikó mà.
 Eu digo que tô sem fome.
 Ela tira o chinelo do pé e começa a bater na minha boca.
 — Nèzèwè zó erèkwaw nè hy romó herekohaw y.
 Eu jogo o prato de comida no chão.
 — Tueharupi erèzapó nezewè haw erèikó hèwè, na hèpuharekó pixika'i kwaw nià.
 Sinto uma pancada forte nas minhas costas. Me viro e vejo a minha mãe segurando uma mangueira de gás na mão. Ela me bate. Minha mãe não consegue parar. É mais forte do que ela. Eu me levanto, olho para ela, pergunto:
 — A senhora quer mesmo me bater, mãe? Então bate. Hoje é o último dia que a senhora me bate.

Tiro a minha roupa e me ajoelho nua no chão. Minha mãe me bate mais. E a cada marca, ela vai se dando de conta daquela perturbação nela. O silêncio vai tomando de conta da casa. Minha mãe vai perdendo as forças. Ela cai no chão e chora. A menina chora. Os Mairas observam. E lamentam.

Canta um lamento. Mair Zengar Haw.

O fogo dança. Os Mairas dançam.

RITO 9
Zepiakahaw

Põe incensos no chão. O cheiro se espalha.

RITO 10
Azira'i

Entra no palco com a cadeira e um saco de tecido.

ZAHỲ:
O nome alienígena da minha mãe era Alzira. O nome que ela foi registrada no cartório. Mas aí a gente, que não é besta em nada, arranjamos um jeito de indigienizar o nome dela. Tiramos o L que fica entre o A e o Z, empurramos o A pra perto do Z, e o L foi aqui pro final, pra depois do último A. Arrancamos a perna do L, que virou um l, e a perna que a gente arrancou jogamos lá pra cima, deixando ela pendurada entre o A e o I. Essa perninha pendurada a gente chama de "ka'i ruaiwer", que quer dizer o "rabo do macaco". O rabo do macaco ajuda a gente a separar o som das vogais. Então, agora a gente não fala mais "Azirai" ou "Aziraí". Agora a gente fala "Azira-í".

PLATEIA:
Azira'i.

ZAHỲ:
O nome que era alienígena virou indígena.

Tira algumas peças de roupa de dentro do saco.

ZAHỲ:
Minha mãe tinha um jeitinho que era só dela. Ela usava uma camisa igual a esta aqui.

Veste uma camisa de botão masculina.

ZAHỲ:
Na maioria das vezes, era de abotoar, com um bolso em cima do peito, que era pra guardar o isqueiro.

Quando ela já tava cega, sempre abotoava desse jeito errado.

Vou contar uma história pra vocês. Mamãe e a gente usava muita roupa de doação que ela ganhava quando rezava nas pessoas da cidade. Uma vez, ela chegou na aldeia com uma sacola cheia de doação, toda feliz. Eu e meus irmãos fomos pra cima da sacola, revirando as roupas e experimentando. Um dos meus irmãos tirou uma camisa que tinha escrito assim: "Feliz Dia do Índio". Mamãe amava essa camisa!

Ela também usava uma bermuda jeans, tipo esta.

Veste a bermuda.

ZAHỲ:
E pra completar o *look,* também usava um boné, que ela chamava de boneta.

Coloca a boneta.

ZAHỲ:
E mamãe acompanhava a tendência, tá? Então pra se atualizar, pá!

Vira a boneta para trás.

ZAHÝ:
Pronto. Tava na moda.

Aí, tinha o jeito de se sentar, que era mermo assim. A perna direita transpassava por cima da esquerda, e ela se aprumava. A bicha nunca fez ioga, mas era toda alongada.

Ela sempre andava com um saco desses aqui, que ela chamava de "boroca", ou de "boroquinha". Dentro da boroquinha de mamãe, tinha tudo que ela precisava. Todo canto que ela andava, ela carregava a boroquinha dela. Quando ela já tava cega e não achava a boroca, ficava desesperada:

— Cadê meu boroquinha? Eu acho que roubaro meu boroquinha. Tem ladrão aqui na aldeia.

Aí achava a boroquinha e se agarrava nela.

Enfiava a mão dentro da boroquinha, caçando uma coisa... aí, achava um isqueiro e um cigarrinho de palha. Ela fumava desse jeito.

Fuma e bafora pro alto. Guarda o isqueiro e o cigarro no bolso da camisa.

ZAHÝ:
Aí vinha uns cachorro, e ela jogava um brinquedinho.

Tira uma bolinha da boroquinha e joga pra trás.

ZAHÝ:
Bom, a gente sabe que na aldeia tudo é mato. Então, tem muito mosquito.

Tira uma camisa de dentro da boroca.

ZAHÝ:
Então, mamãe usava uma camisa pra espantar os mosquito.

Espanta os mosquitos.

ZAHÝ:
E a camisa que ela espantava os mosquito era essa.

Abre a camisa. Nela está escrito: "Feliz Dia do Índio".

ZAHÝ:
Outra coisa é que ninguém vive sem comida, né, meu povo? Pois. Mamãe também não. Então, na boroquinha dela também não podia faltar comida. Sempre tinha uma carne-seca assada com farinha, ou uma fruta.

Tira uma tangerina da boroquinha.

ZAHÝ:
Ela descascava mermo assim. Às vezes, era um arranca-rabo danado, porque a casca tava dura e não queria sair, mas mamãe sempre vencia a guerra com a tanja. A bichinha era pequenininha, mas tinha a mão firme.

Consegue descascar a tanja.

ZAHỲ:
Todo mundo sabe que na aldeia tudo é natureza. O quintal da casa é natureza, ao redor tudo é natureza. Igual a vocês leem nos livros didáticos, né? Então, não tinha questão, podia jogar as cascas na natureza.

Joga as cascas em você e em todo mundo.
Bota um gomo da tanja na boca.

ZAHỲ:
Ela mastigava mermo assim.

Mastiga. Faz uma careta.

ZAHỲ:
— Bũi! Azeda!
 Aí, quando ia botando o outro gomo na boca, vinha um neto e pedia um gomo. E ela dava.
 Pense numa vó que amava os netos. Era mamãe.

Distribui os gominhos de tangerina pra todo mundo.

ZAHỲ:
— Aqui, meu fi. É pra dividir com os irmãos. Não é pra suvinar não. Tô de olho, viu? Eu vejo tudo. Se suvinar, vai levar uma pisa.

Um gominho da tanja chega até você.

ZAHỲ:
Ah! E tinha uma coisa que mamãe também amava. Sabe o que que era? Discordar de papai. E ela tinha um gesto bem específico pra isso. Pegava o dedo indicador e passava no nariz, resmungando.

Faz o gesto e resmunga.

ZAHỲ:
Mas tinha uma coisa que mamãe gostava mais do que discordar de papai. Era concordar com quem discordava de papai. E ela também tinha um gesto bem específico pra isso, que era assim.

Faz um sinal de legal com mão.

Ri.

ZAHỲ:
—É! Desse modelo. Gostei foi muito!
    E na boroquinha de mamãe não podia faltar o mais importante de tudo: o maraká de mamãe. Ela carregava o maraká dela pra tudo que é canto. E onde ela chegava, ela cantava. Mamãe tinha uma voz única. Além de ter sido a primeira mulher pajé do nosso povo, era a única mulher que cantava junto com os cantadores.

Senta-se na cadeira.

ZAHỲ:

Os cantadores cantavam num apykaw bem comprido pra poder bater o pé junto com o maraká. Aí mamãe fazia desse jeito. Ela era bem pequenininha, mas era afrontosa. Sempre puxava os cantos.

Bate o pé no chão e toca o maraká.

Para.

ZAHỲ:

Todo mundo que me ouve cantar diz que eu canto igualzinho a minha mãe. Só que ela nunca me ouviu cantar. Quando ela se juntava com os cantadores eu ficava de longe deitada na rede, debaixo do pé de manga, do lado do galo Biliu, observando a batida do pé, o chacoalhar do maraká, e a voz dela. Foi ela que me ensinou a cantar, mas a gente nunca cantou juntas. Agora, eu vou convidar um boy magia pra fazer uma participação especial. Jorginho, põe aquele áudio da minha mãe cantando.

Ouvimos o maraká de Azira'i. E a sua voz.

AZIRA'I:
Uryryz pànàm pepo
Uzewarawara pupe
Ha he ha he...
Aiko na aikue
Aiko na aikue
Ha he ha he...

Zahỳ completa.

ZAHỲ:
Nezewe ereiko nèno
Nezewe ereiko nèno
Ha he ha he...
He muraw muraw katu
Pànàm pepo rehe wà no
Ha he ha he...

Mãe e filha cantam, tocam e dançam juntas. Uma de frente para outra.

AZIRA'I E ZAHỲ:
Uryryz pànàm pepo
Uzewarawara pupe
Ha he ha he...
Heta eta zengar no
Heta eta zengar no
Ha he ha he...
Xiroxiro zengar no
Xiroxiro zengar no
Ha he ha he...

Mãe e filha uma coisa só.

RITO 11
Kwarahỳ

ZAHỲ:
A peça podia ter acabado aqui. Mas a minha mãe morreu antes que eu pudesse ter dito algumas coisas pra ela. E eu resolvi que vou dizer aqui, na presença de vocês. Aqui, no teatro. Onde descobri que eu posso cantar com ela.

Abre uma carta. Lê.

ZAHỲ:
"Azira'i,
   "Acredita que eu tô no palco fazendo uma peça com a senhora? Nessa cena de agora, eu tô lendo uma carta que escrevi para ti. É uma cena típica das peças de teatro que tenho visto por aqui. Gostei muito. Achei chique. Quis fazer também. Mas como acho que não vou conseguir fazer igual, resolvi que vou fazer do meu jeito.
   "Mamãe, dei pro teu neto o nome que a senhora me pediu. O nome do Sol. Kwarahỳ. A senhora tinha me dito que o Sol era parceiro da Lua. Sim, mãe, ele é o meu parceirinho da vida.
   "Ele também herdou nosso silêncio. Uma vez, chamei ele para comer. Ele não me respondeu. Eu não soube lidar com o silêncio dele. Olhei pra ele desesperada, como quem exigisse uma resposta. Nada de resposta. Ele estava muito concentrado, enfileirando os carrinhos dele. No mundo dele. Foi quando uma perturbação tentou tomar de conta de mim. Segurei ele com força. Pedi que falasse comigo. Ele me olhou assustado.

Foi quando me dei conta daquela sua perturbação em mim e chorei. Na frente dele.

"Sempre que percebo essa perturbação, mãe, eu canto. Aí, sinto a senhora perto de mim e me acalmo. Quando canto, Kwa Kwa dança de um jeitinho que é só dele. Ele agita os braços, balança a cabeça de um lado pro outro e começa a pular sem parar. Como quem quisesse sair voando com os passarinhos. Já, já ele vai sair voando. Igual a essa peça. Pra mim, essa peça voa. Pra mim, essa peça é infinita."

Agora a carta continua do meu jeito.

Zahỳ vê você. Olha nos seus olhos. Começa a cantar um lamento: "Kwarahỳ Zengar Haw".

Sons vindos de todos os cantos. Vozes. Pássaros. Macacos. Uma aldeia. Um povo inteiro.

Zahỳ se transforma em uma história. Kwa kwa. Um passarinho. Um tatu pehu. Um tamanduá.

A história está sendo contada para você. A história está sendo contada para Azira'i.

Zahỳ se transforma em Azira'i.

Os Mairas observam.

A peça voa.

Infinita.

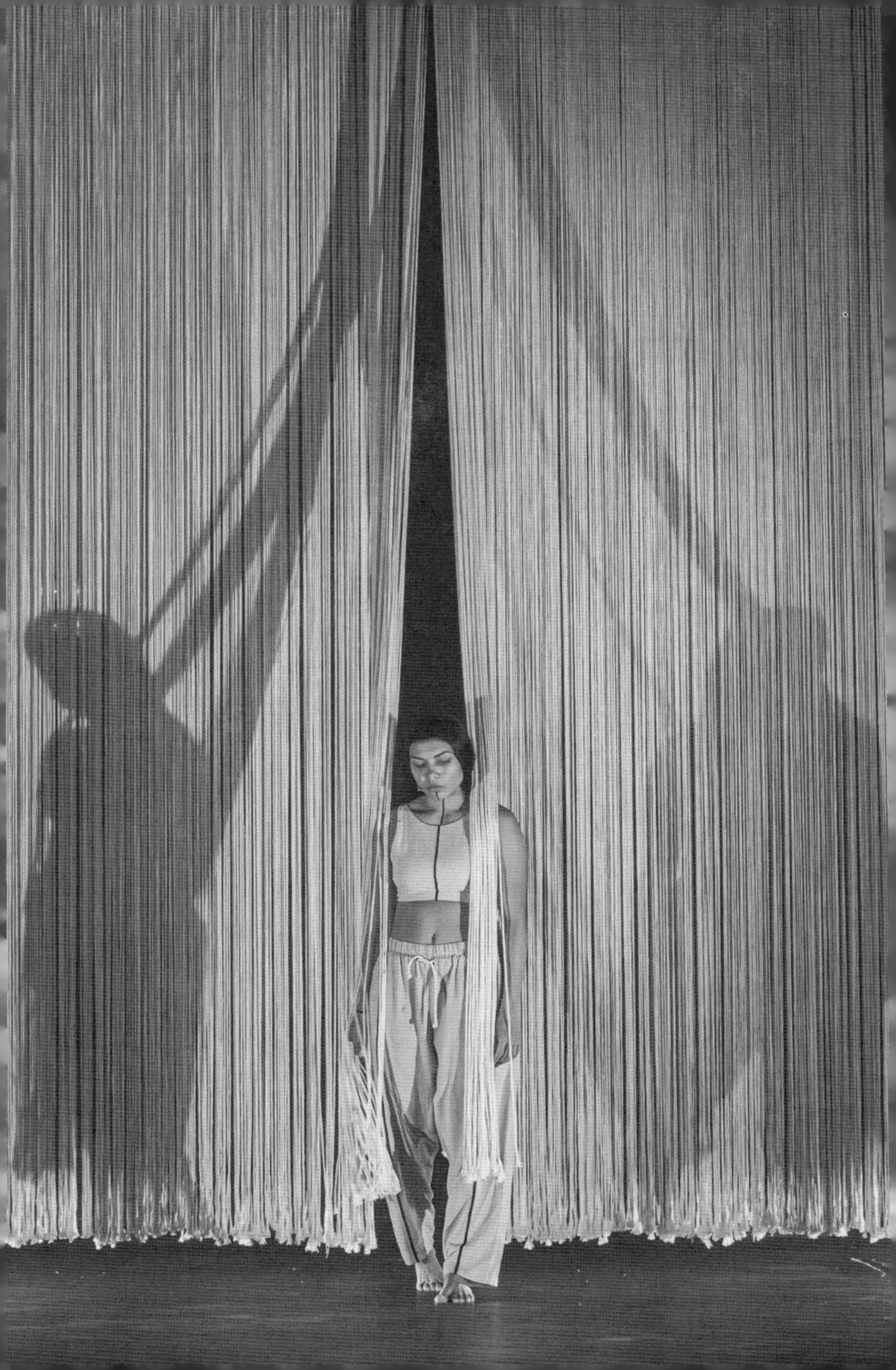

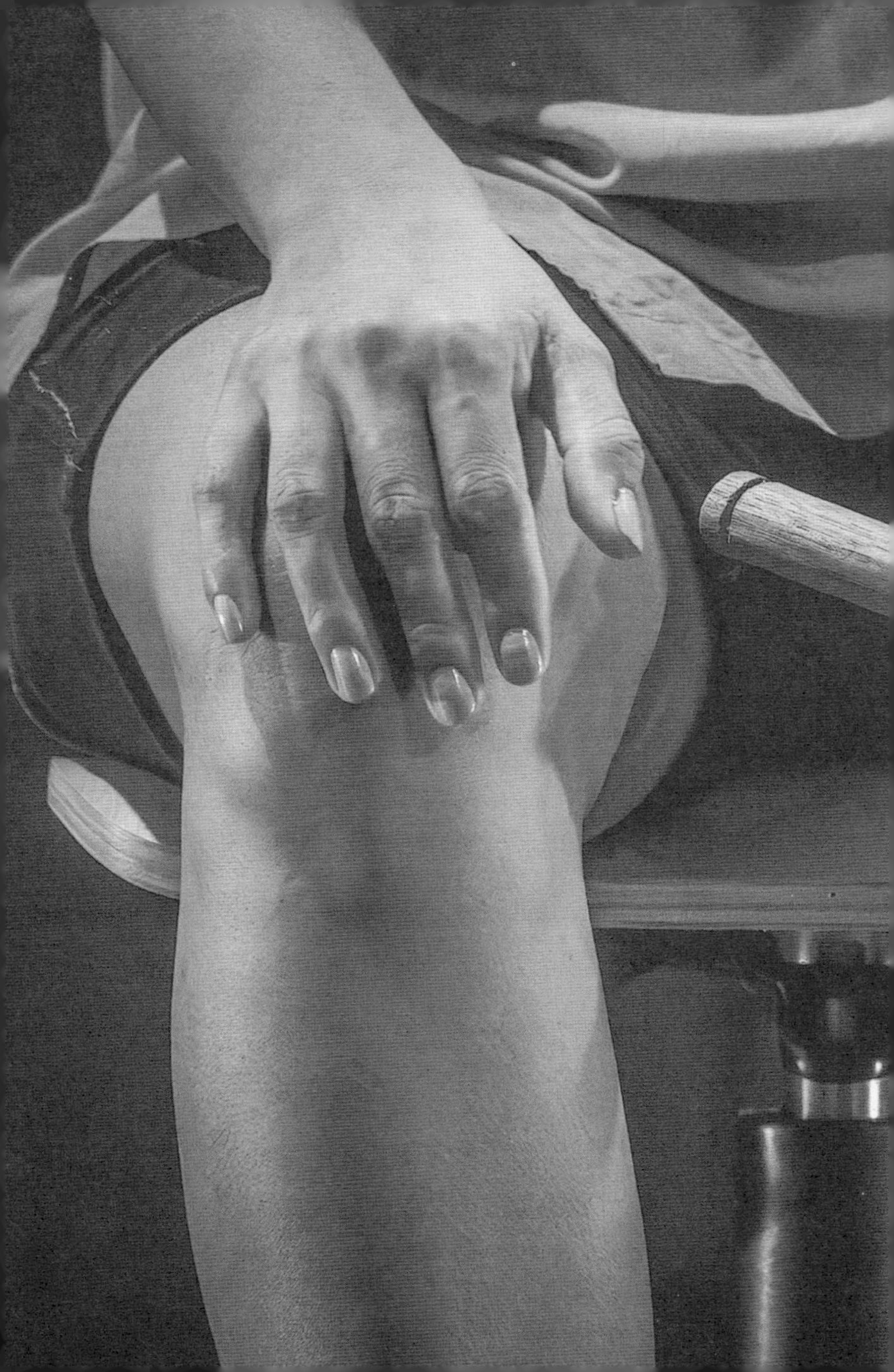

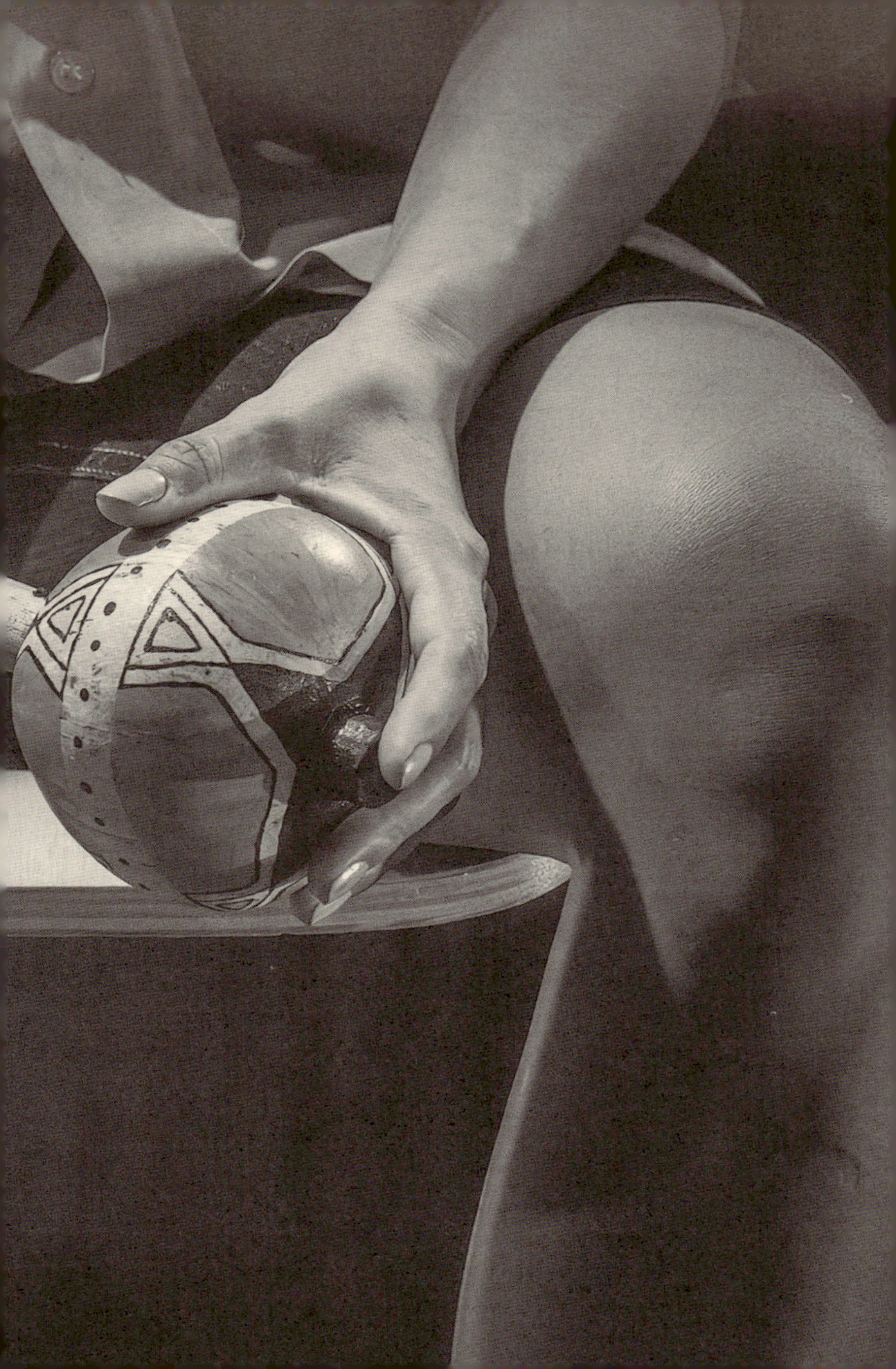

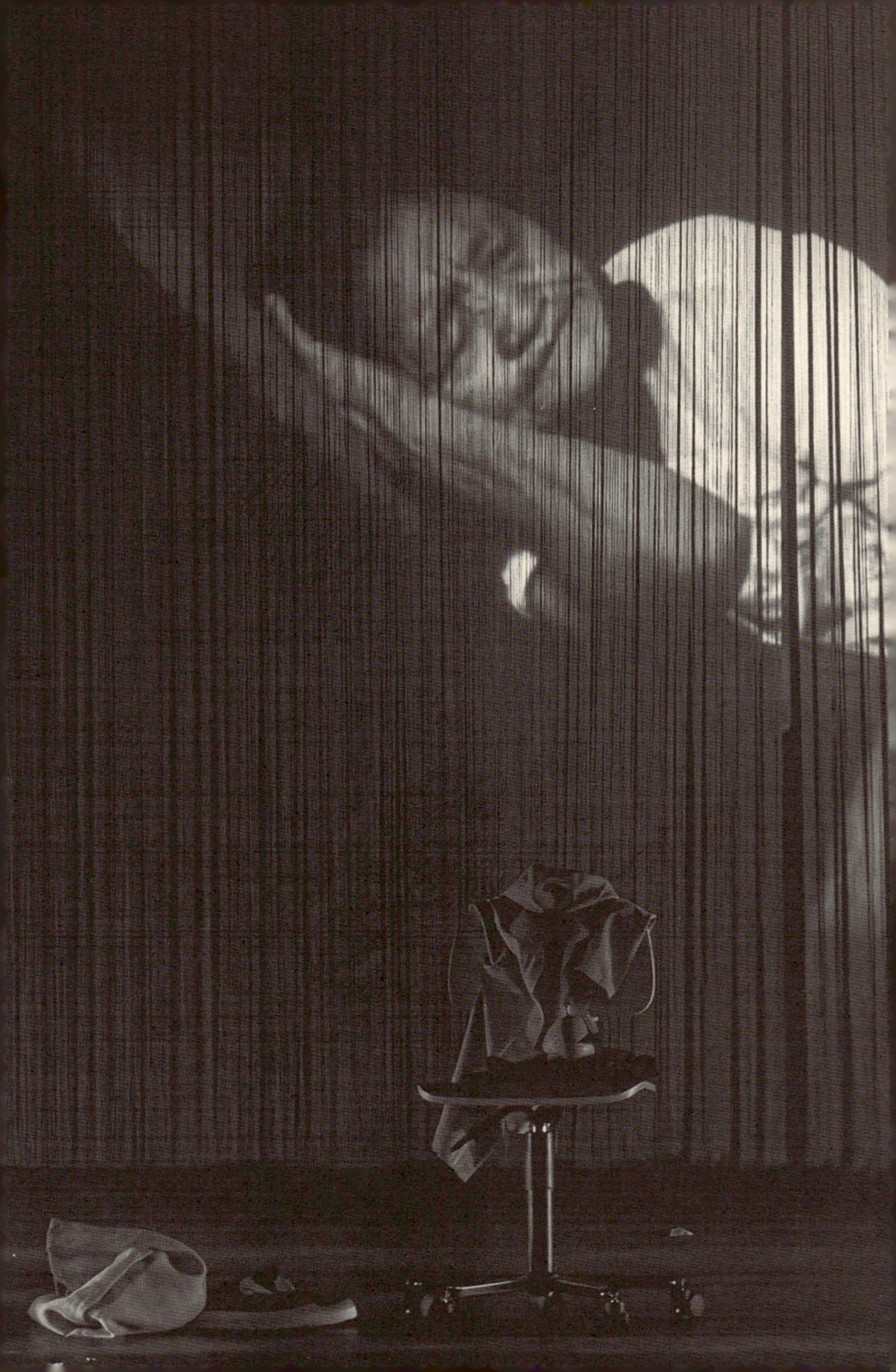

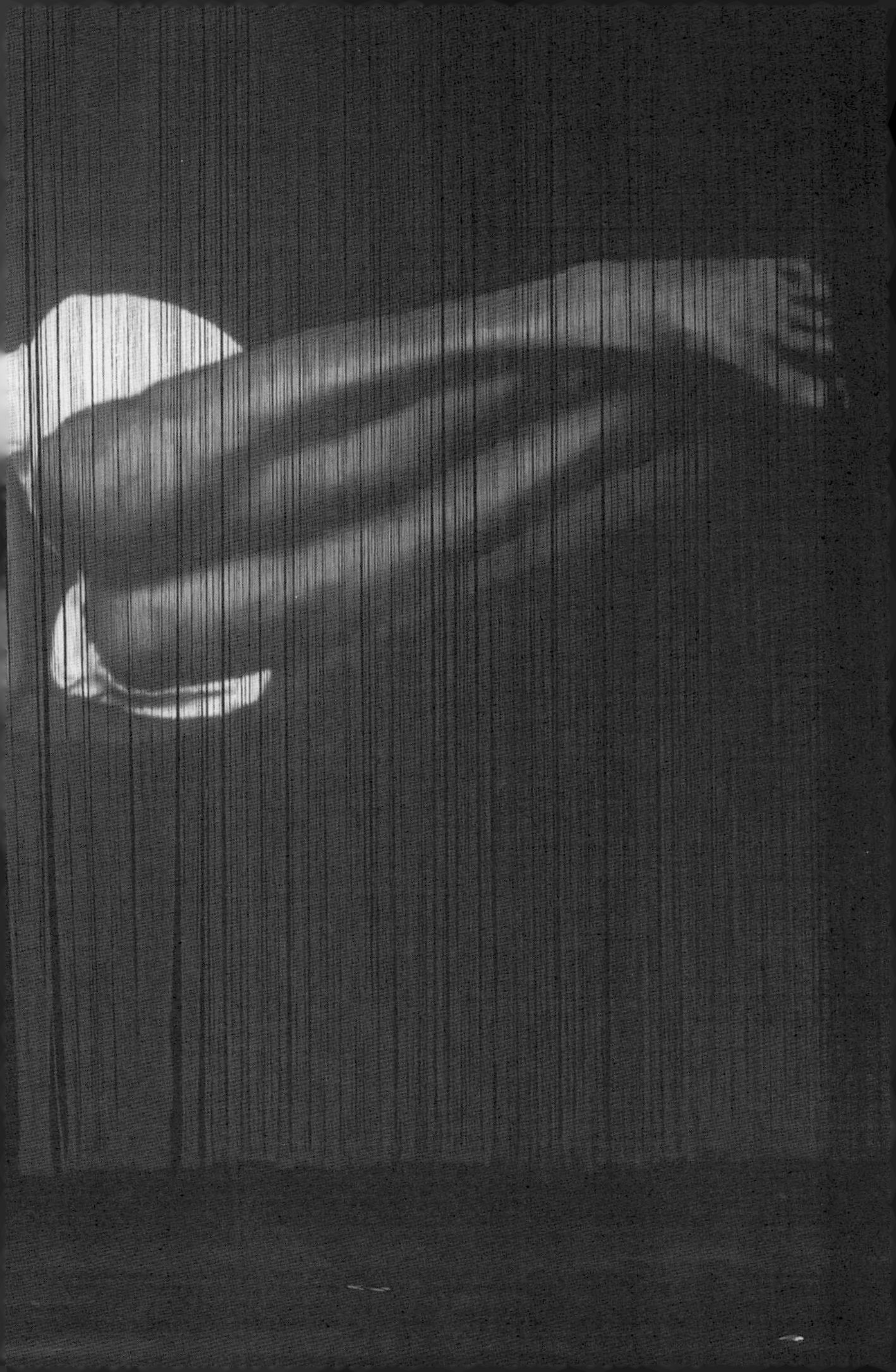

Canções

"Takyhe Pynykaw (Dança com Facão)",
música por Elisio Freitas, letra por Zahÿ Tentehar

"Canção da Lua",
música por Marcelo Caldi, letra por Duda Rios

"Zahÿ Zengar Haw",
letra e música por Zahÿ Tentehar

"Ser riacha",
música por Elisio Freitas e Zahÿ Tentehar, letra por Duda Rios

"Assum preto",
por Luiz Gonzaga e Humberto Teixeira, letra adicional em Ze'eng Eté por Zahÿ Tentehar

"Maraká Zengar Haw",
por Zahÿ Tentehar

"Mair Zengar Haw",
música por Zahÿ Tentehar e Elisio Freitas, letra por Zahÿ Tentehar

"Pànàm Pepo",
música tradicional Tentehar

"Kwarahỳ Zengar Haw",
por Zahỳ Tentehar

Como nomear tudo isso?

Quando Duda me convidou para dividir a direção de uma peça que ele e Zahỳ estavam escrevendo, eu não conhecia Duda, nem Zahỳ, nem a Sarau Cultura Brasileira. Tudo aquilo parecia um mundo paralelo. Ou o mundo paralelo talvez fosse eu. No primeiro dia de ensaio, apesar de ter tido a sensação de um salto em um abismo desconhecido, tive o conforto de não ter que inventar nada, de só ler o texto. Os dois já tinham escrito muitas e muitas histórias. Fiquei pensando no que fazer com tantas palavras. Não sabia como começar. Então, no segundo dia, propus dar uma aula de corpo. Assim, eu ia ganhando tempo e observando como Duda conduzia os seus pensamentos e Zahỳ os seus desejos. Fomos nos conhecendo e de repente o tal mundo paralelo virou também o meu mundo, a aula desapareceu e o tempo do ensaio ficou curto para experimentar tantas ideias e construir memórias. Em dado momento do processo, mudamos de sala de ensaio. Fomos para uma casa com quintal, sol, vento, um pé de acerola e uma tartaruga que passeava pelos cantos. Era um espaço vivo, que nos acolhia, nos inspirava e nos unia. O texto estava ali também vivo, e as palavras exigiam de nós uma escuta. As histórias pediam, recusavam, sugeriam, e tudo parecia maior do que nós mesmos. Alguém, ou alguma coisa, nos acompanhava. Era uma sensação. Foram três meses de muito café, muita risada, muito afeto, muitas crises, muitas idas e vindas, subidas e descidas de ladeira, algumas poucas cervejas e caipirinhas e uma dúvida: como nomear tudo isso? E o nome surgiu como as palavras e histórias que nos falam e pediu alto como alguém que nos acompanhava: Azira'i.

Azira'i foi um mergulho em um tempo e em uma maneira de inventar que eu não conhecia. Mergulhei na minha própria história, no adeus doloroso à minha mãe, na finitude e nas ausências. Todas as palavras, todo o desconhecido e todo o mundo que conheci pra mim, agora, é Azira'i.

Denise Stutz
Diretora, atriz e bailarina

Azira'i – Um musical de memórias foi vencedor de dois Prêmios Shell em 2024, nas categorias Atriz e Iluminação, além de ter concorrido nas categorias Texto e Cenário. No mesmo ano, também foi indicada a quatro categorias no Prêmio APTR: Espetáculo, Direção, Iluminação e Jovem Talento. Desde 2023 até a publicação desta edição do livro, a peça vem realizando temporadas e participando de festivais em diversas cidades do Brasil e do mundo: Rio de Janeiro, Duque de Caxias, Itaperuna, Campos dos Goytacazes e Macaé (RJ), São Paulo, Santos e São José do Rio Preto (SP); Recife (PE); Curitiba (PR); Belo Horizonte (MG); Brasília (DF); Bogotá (Colômbia); Chicago (EUA).

Zahỳ Tentehar é a primeira indígena vencedora do Prêmio Shell de Teatro na categoria de Melhor Atriz (por *Azira'i*). Nascida na Aldeia Colônia, no território indígena Cana Brava, no Maranhão, é uma artista autodidata e multidisciplinar, que vem entrelaçando diálogos entre múltiplas linguagens artísticas e culturais em veículos diversos, como cinema, teatro, streaming e artes visuais, questionando ao longo de suas criações o comportamento da humanidade e suas intervenções socioculturais na atualidade.

Duda Rios é ator, escritor, diretor e instrumentista. Natural de Recife, é integrante e fundador da Barca dos Corações Partidos, uma das companhias teatrais mais premiadas do Brasil. Estudou com artistas de várias partes do mundo na London International School of Performing Arts, onde se tornou um grande entusiasta de criações colaborativas. Hoje, tem buscado pluralizar narrativas nordestinas e desconstruir seus estereótipos em muitos de seus trabalhos. Recebeu nove prêmios como ator e autor em sua carreira.

CIP-BRASIL. CATALOGAÇÃO NA PUBLICAÇÃO
SINDICATO NACIONAL DOS EDITORES DE LIVROS, RJ

T287a

Tentehar, Zahỳ, 1989

Azira'i : um musical de memórias / Zahỳ Tentehar, Duda Rios.
- 1. ed. - Rio de Janeiro : Cobogó, 2024.

80 p. ; 19 cm. (Dramaturgia)

ISBN 978-65-5691-150-2

1. Teatro brasileiro. 2. Musicais - Brasil. I. Rios, Duda, 1989-.
II. Título. II. Série.

24-93455   CDD: 792.0981
             CDU: 792(81)

Meri Gleice Rodrigues de Souza - Bibliotecária - CRB-7/6439

© Editora de Livros Cobogó, 2024

Editora-chefe
Isabel Diegues

Editora
Julia Barbosa

Coordenação de produção
Melina Bial

Assistente de produção
Priscilla Kern

Revisão final
Eduardo Carneiro

Projeto gráfico de miolo e diagramação
Mari Taboada

Capa
Batman Zavareze

Assistente de design
Nathalia Alves

Fotografias
George Magaraia [orelhas]
Léo Aversa [capa, p. 10]
Marcelo Rodolfo [pp. 61-5]
Mathilde Missioneiro/Folhapress [p. 73]

Nenhuma parte desta obra pode ser reproduzida, adaptada, encenada, registrada em imagem e/ou som, ou transmitida de nenhuma forma ou por nenhum meio, sem a permissão expressa e por escrito da Editora Cobogó.

Todos os direitos reservados à
Editora de Livros Cobogó Ltda.
Rua Gen. Dionísio, 53, Humaitá
Rio de Janeiro – RJ – Brasil – 22271-050
www.cobogo.com.br

COLEÇÃO DRAMATURGIA

ALGUÉM ACABA DE MORRER LÁ FORA, de Jô Bilac

NINGUÉM FALOU QUE SERIA FÁCIL, de Felipe Rocha

TRABALHOS DE AMORES QUASE PERDIDOS, de Pedro Brício

NEM UM DIA SE PASSA SEM NOTÍCIAS SUAS, de Daniela Pereira de Carvalho

OS ESTONIANOS, de Julia Spadaccini

PONTO DE FUGA, de Rodrigo Nogueira

POR ELISE, de Grace Passô

MARCHA PARA ZENTURO, de Grace Passô

AMORES SURDOS, de Grace Passô

CONGRESSO INTERNACIONAL DO MEDO, de Grace Passô

A PRIMEIRA VISTA | IN ON IT, de Daniel MacIvor

INCÊNDIOS, de Wajdi Mouawad

CINE MONSTRO, de Daniel MacIvor

CONSELHO DE CLASSE, de Jô Bilac

CARA DE CAVALO, de Pedro Kosovski

GARRAS CURVAS E UM CANTO SEDUTOR, de Daniele Avila Small

OS MAMUTES, de Jô Bilac

INFÂNCIA, TIROS E PLUMAS, de Jô Bilac

NEM MESMO TODO O OCEANO, adaptação de Inez Viana do romance de Alcione Araújo

NÔMADES, de Marcio Abreu e Patrick Pessoa

CARANGUEJO OVERDRIVE, de Pedro Kosovski

BR-TRANS, de Silvero Pereira

KRUM, de Hanoch Levin

MARÉ/PROJETO BRASIL, de Marcio Abreu

AS PALAVRAS E AS COISAS, de Pedro Brício

MATA TEU PAI, de Grace Passô

ÃRRÃ, de Vinicius Calderoni

JANIS, de Diogo Liberano

NÃO NEM NADA, de Vinicius Calderoni

CHORUME, de Vinicius Calderoni

GUANABARA CANIBAL, de Pedro Kosovski

TOM NA FAZENDA, de Michel Marc Bouchard

OS ARQUEÓLOGOS, de Vinicius Calderoni

ESCUTA!, de Francisco Ohana

ROSE, de Cecilia Ripoll

O ENIGMA DO BOM DIA, de Olga Almeida

A ÚLTIMA PEÇA, de Inez Viana

BURAQUINHOS OU O VENTO É INIMIGO DO PICUMÃ, de Jhonny Salaberg

PASSARINHO, de Ana Kutner

INSETOS, de Jô Bilac

A TROPA, de Gustavo Pinheiro

A GARAGEM, de Felipe Haiut

SILÊNCIO.DOC,
de Marcelo Varzea

PRETO, de Grace Passô,
Marcio Abreu e Nadja Naira

MARTA, ROSA E JOÃO,
de Malu Galli

MATO CHEIO, de Carcaça
de Poéticas Negras

YELLOW BASTARD,
de Diogo Liberano

SINFONIA SONHO,
de Diogo Liberano

SÓ PERCEBO QUE ESTOU
CORRENDO QUANDO VEJO QUE
ESTOU CAINDO, de Lane Lopes

SAIA, de Marcéli Torquato

DESCULPE O TRANSTORNO,
de Jonatan Magella

TUKANKÁTON + O TERCEIRO
SINAL, de Otávio Frias Filho

SUELEN NARA IAN,
de Luisa Arraes

SÍSIFO, de Gregorio Duvivier
e Vinicius Calderoni

HOJE NÃO SAIO DAQUI,
de Cia Marginal e Jô Bilac

PARTO PAVILHÃO,
de Jhonny Salaberg

A MULHER ARRASTADA,
de Diones Camargo

CÉREBRO_CORAÇÃO,
de Mariana Lima

O DEBATE, de Guel Arraes
e Jorge Furtado

BICHOS DANÇANTES,
de Alex Neoral

A ÁRVORE, de Silvia Gomez

CÃO GELADO,
de Filipe Isensee

PRA ONDE QUER QUE EU
VÁ SERÁ EXÍLIO,
de Suzana Velasco

DAS DORES, de Marcos Bassini

VOZES FEMININAS — NÃO EU,
PASSOS, CADÊNCIA,
de Samuel Beckett

PLAY BECKETT — UMA PANTOMIMA
E TRÊS DRAMATÍCULOS (ATO SEM
PALAVRAS II | COMÉDIA/PLAY |
CATÁSTROFE | IMPROVISO DE OHIO),
de Samuel Beckett

MACACOS — MONÓLOGO
EM 9 EPISÓDIOS E I ATO,
de Clayton Nascimento

A LISTA, de Gustavo Pinheiro

SEM PALAVRAS,
de Marcio Abreu

CRUCIAL DOIS UM,
de Paulo Scott

MUSEU NACIONAL
[TODAS AS VOZES DO FOGO],
de Vinicius Calderoni

PARTIDA, de Inez Viana

AS LÁGRIMAS AMARGAS
DE PETRA VON KANT,
de Rainer Werner Fassbinder

COLEÇÃO DRAMATURGIA ESPANHOLA

A PAZ PERPÉTUA, de Juan Mayorga | Tradução Aderbal Freire-Filho

ATRA BÍLIS, de Laila Ripoll | Tradução Hugo Rodas

CACHORRO MORTO NA LAVANDERIA: OS FORTES, de Angélica Liddell | Tradução Beatriz Sayad

CLIFF (PRECIPÍCIO), de José Alberto Conejero | Tradução Fernando Yamamoto

DENTRO DA TERRA, de Paco Bezerra | Tradução Roberto Alvim

MÜNCHAUSEN, de Lucía Vilanova | Tradução Pedro Brício

NN12, de Gracia Morales | Tradução Gilberto Gawronski

O PRINCÍPIO DE ARQUIMEDES, de Josep Maria Miró i Coromina Tradução Luís Artur Nunes

OS CORPOS PERDIDOS, de José Manuel Mora | Tradução Cibele Forjaz

APRÈS MOI, LE DÉLUGE (DEPOIS DE MIM, O DILÚVIO), de Lluïsa Cunillé | Tradução Marcio Meirelles

COLEÇÃO DRAMATURGIA FRANCESA

É A VIDA, de Mohamed El Khatib | Tradução Gabriel F.

FIZ BEM?, de Pauline Sales | Tradução Pedro Kosovski

ONDE E QUANDO NÓS MORREMOS, de Riad Gahmi | Tradução Grupo Carmin

PULVERIZADOS, de Alexandra Badea | Tradução Marcio Abreu

EU CARREGUEI MEU PAI SOBRE MEUS OMBROS, de Fabrice Melquiot | Tradução Alexandre Dal Farra

HOMENS QUE CAEM, de Marion Aubert | Tradução Renato Forin Jr.

PUNHOS, de Pauline Peyrade | Tradução Grace Passô

QUEIMADURAS, de Hubert Colas | Tradução Jezebel De Carli

COLEÇÃO DRAMA-TURGIA HOLANDESA

EU NÃO VOU FAZER MEDEIA, de Magne van den Berg | Tradução Jonathan Andrade

RESSACA DE PALAVRAS, de Frank Siera | Tradução Cris Larin

PLANETA TUDO, de Esther Gerritsen | Tradução Ivam Cabral e Rodolfo García Vázquez

NO CANAL À ESQUERDA, de Alex van Warmerdam | Tradução Giovana Soar

A NAÇÃO — UMA PEÇA EM SEIS EPISÓDIOS, de Eric de Vroedt | Tradução Newton Moreno

2024

———————

1ª impressão

Este livro foi composto em Calluna.
Impresso pela BMF Gráfica e Editora,
sobre papel Pólen Natural 80g/m².